A PROPOS
DU CONGRÈS
DU GÉNIE CIVIL

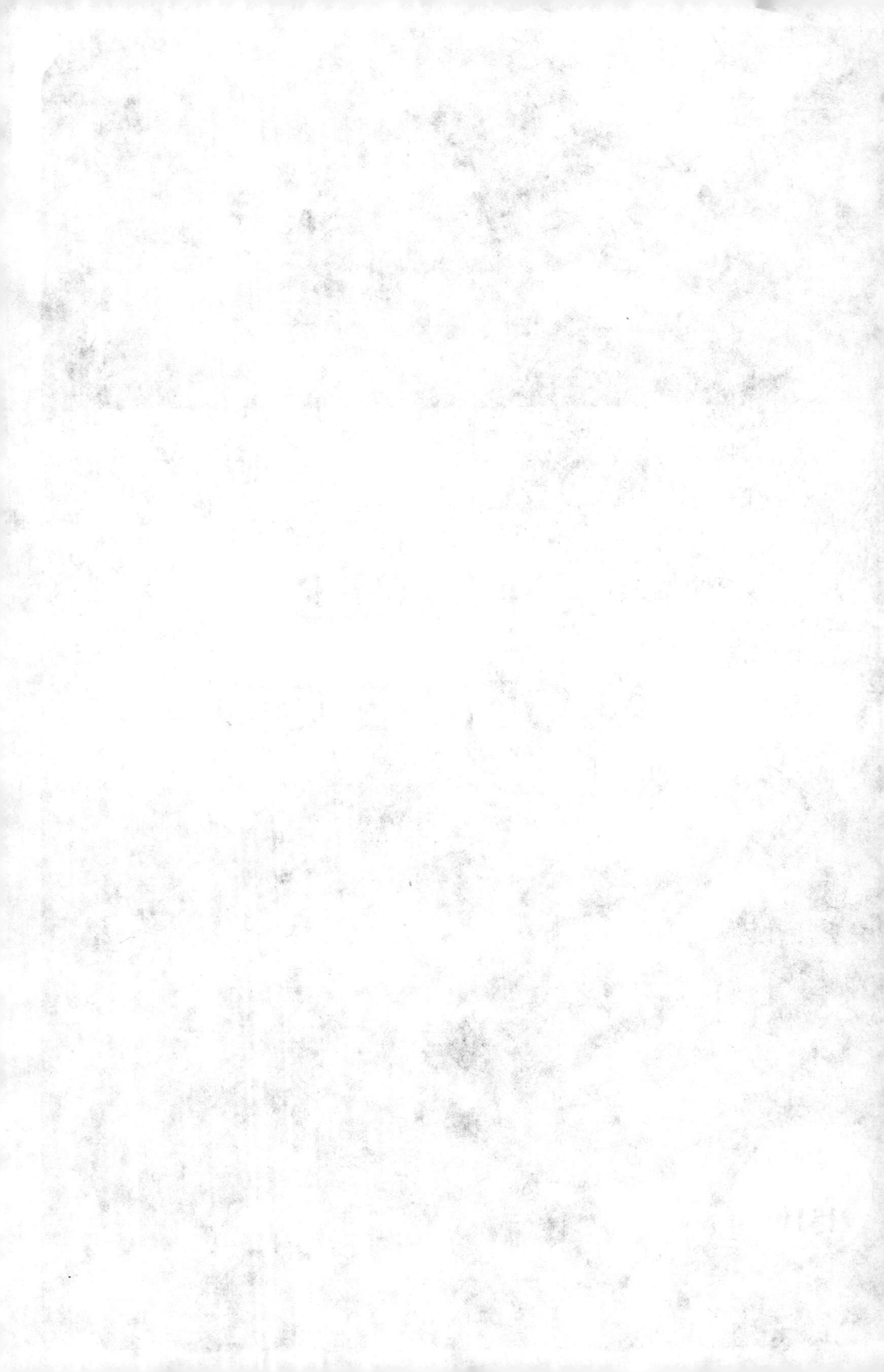

A MON CHER FRÈRE

EDMOND

QUI VIENT DE TOMBER EN BRAVE

AU PASSAGE DU CANAL

DE L'AILETTE,

JE DÉDIE CET OUVRAGE.

DOUBLEMENT MORT

:: POUR LA FRANCE ::

GLOIRE A SA MÉMOIRE.

St-ÉTIENNE, 12 Septembre 1918.

F. BLANC

A Propos du Congrès

du

Génie Civil

— 1918 —

Imp. KASTNER — St-Etienne

A PROPOS DU CONGRÈS
DU GÉNIE CIVIL

TABLE DES MATIÈRES

PRÉFACE

La guerre a fait éclater aux yeux des moins prévenus les lacunes considérables de notre organisation générale, son impuissance en présence des multiples problèmes que soulèvent la complexité et la multiplicité des questions en jeu dans notre civilisation.

Le grand public a attribué cette impuissance à une valeur insuffisante des hommes politiques qui président aux destinées et à la Direction du Pays.

M. Henry Leyret, dans un ouvrage remarquable, a déclaré que l'organisation constitutionnelle donnait au Président de la République tous les pouvoirs nécessaires à la conduite correcte du Pays.

Un autre auteur, M. Georges de la Chapelle n'est pas de cet avis. Il dit que la Constitution d'une part, donne bien au Président tous les pouvoirs, mais que d'autre part elle lui enlève les moyens de s'en servir. L'ancien Président de la République M. Casimir Perrier est du même avis.

L'un de ces auteurs accuse les hommes et l'autre les moyens dont ils disposent.

La contradiction est flagrante. Notre organisation générale étant appelée à *jouer un rôle prépondérant sur l'avenir du Pays, son relèvement et ses destinées, — il y a intérêt majeur à vider ce débat et à voir lequel des deux auteurs est dans la vérité pour dégager les mesures nécessaires à prendre pour le relèvement du Pays, et son organisation sans laquelle aucun pas n'est possible dans la voie du Progrès.*

⁂

Des esprits simplistes pensent résoudre toutes les difficultés par le rétablissement de l'autorité d'un seul.

La période actuelle nous montre les inconvénients d'un système de cette nature. Chaque ministre est roi dans son domaine. Rien ne résiste à un décret ministériel. L'intervention du Conseil d'Etat est illusoire sur des décrets dont l'action ne peut être que momentanée et doit cesser avec l'état de guerre.

Chaque ministre dispose d'une autorité absolue et tout le Pays connait les innombrables erreurs qui en sont résulté, erreurs qui, à maintes reprises, ont gravement compromis et notre situation sociale et notre situation économique.

L'autorité d'un seul ne semble donc pouvoir que dans des cas tout à fait excep-

.tionnels, donner les sécurités nécessaires à la conduite correcte du Pays.

Cette situation est d'autant plus grave que le développement de la civilisation, au cours des dernières années, a changé du tout au tout la nature des problèmes auxquels peut avoir à faire face un Gouvernement.

L'électricité, la téléphonie, la télégraphie sans fil ont supprimé et les distances et les obstacles.

Le développement des chemins de fer, de la navigation maritime ont assuré un contact plus intime entre les différentes régions et les divers Pays.

Le rôle des Banques est devenu prépondérant dans l'organisme économique, et un facteur formidable s'est révélé au cours de cette guerre : — le facteur psychologique.

Son utilisation judicieuse a permis à l'Allemagne de détruire la Russie, d'enfoncer le front italien, d'entraver la défense de l'Angleterre et la nôtre, — en un mot, de porter l'attaque à l'intérieur même du Pays dans le domaine immatériel.

Les procès Bolo, du Bonnet Rouge, ne sont que des épisodes particuliers de cette lutte étrange qui se poursuit encore aujourd'hui sous les yeux de nos Gouvernements, impuissants à trouver les preuves matérielles indispensables à la répression dans un domaine qui n'en comporte généralement pas.

Le facteur psychologique s'est montré plus puissant que les moyens matériels énormes dont les progrès scientifiques et industriels ont permis l'accumulation.

Il a malheureusement été ignoré d'un de nos anciens Président du Conseil ou n'a pas été apprécié par lui à sa juste valeur. Plus perspicace, il aurait pu agir, ayant été prévenu à temps, pour éviter la catastrophe de la Russie.

Malgré cette action souterraine, malgré les efforts inouïs de l'Allemagne pour arriver à la désagrégation de nos forces morales, malgré l'organisation minutieuse qu'elle avait réussie dans ce but à établir chez nous, la tenue de notre Pays a été admirable.

Ce n'est surtout qu'après la chute du Ministère Briand que le Pays a commencé à en subir les effets et il a fallu l'intervention vigoureuse du Ministère Clémenceau pour arrêter l'intoxication grave par laquelle l'Allemagne nous aurait fait sombrer.

**

Notre organisation trop ancienne ne contient aucune arme pour permettre de lutter contre l'attaque psychologique que l'Allemagne avait employée bien avant la guerre et qui depuis de longues années avait déjà ébranlé notre édifice social.

— 6 —

En l'absence de défense, toutes les branches de notre organisation avaient pu être infectées librement. Milieux parlementaires, universitaires, ouvriers, scientifiques, littéraires, religieux et financiers ont subi les conséquences profondes de cette intoxication. — les milieux féminins qui se trouvent à la base même du développement du Pays dont ils constituent l'essence, n'avaient pas été épargnés par cette infection systématique des forces morales du Pays.

Le problème de la défense sociale est donc le pivot essentiel du relèvement du Pays et il est subordonné à celui de l'organisation sociale que nous étudierons ici.

⁂

D'une organisation sociale correcte découlera tout naturellement la réalisation de mesures préconisées par les esprits patriotiques qui ont été douloureusement inquiétés par l'état de choses passé : Lysis, Probus, Cambon, Philouze et tant d'autres n'ont vu que le silence de l'impuissance répondre à leurs appels clairvoyants. Ces mêmes appels ont été lancés au cours du dernier Congrès du Génie Civil sans qu'une solution quelconque ait été envisagée.

⁂

Quelle est la raison de cette impuis-

sance, quels sont les moyens d'y remédier, tels sont les graves problèmes qui
se posent et dont la solution "urge" dans
l'intérêt de tous et pour le salut de la
Patrie.

.*.

Dans une organisation correcte
tout travail productif trouve sa récompense. Le rôle du gouvernement est de
canaliser les efforts individuels dans la
direction unique de l'intérêt du Pays en
stimulant les sources de production et en
assurant leur libre développement.

.*.

Envisagée dans son ensemble,
notre organisation générale passée com-
portait deux éléments distincts :

1° Le Gouvernement qui, le plus
souvent, ne gouvernait guère et se laissait
gouverner par les plus forts et les plus
puissants ;

2° La masse isolée et sans cohésion des producteurs, aux prises avec les
difficultés innombrables provoquées par
des mesures gouvernementales presque
toujours incohérentes et prises sans

— 8 —

consultation préalable, sous l'influence d'intérêts particuliers contradictoires, mêmes ennemis.

Le plus souvent, pour éviter de prendre de telles mesures, le Gouvernement n'en prenait aucune et le Pays était abandonné.

**

De là le délaissement de notre Agriculture, de notre Marine, de notre outillage national, de nos améliorations sociales et la décadence de notre natalité.

La défense individuelle s'était substituée partout à une défense nationale ou gouvernementale inexistante. Le poison du malthusianisme avait envahi toutes les branches de notre activité sociale.

**

Pour la sécurité du pays, demain, cette situation doit cesser.

Saint-Etienne, le 1ᵉʳ Juin 1918.

— 9 —

A PROPOS
DU CONGRÈS
DU GÉNIE CIVIL

—•◦•—

SES RAPPORTS
AVEC NOTRE ORGANISATION GÉNÉRALE
SOCIALE ET GOUVERNEMENTALE

—❈—

CHAPITRE I

C'est au mois de mars dernier que, s'est tenu à Paris le premier Congrès Général du Génie Civil national, sous les auspices de la Société des Ingénieurs civils de France.

Ce Congrès a eu pour objet de déterminer les assises générales de l'Industrie pour l'étude et la mise en œuvre des programmes d'après-guerre.

Il a envisagé le redressement presque intégral de notre édifice industriel tout entier, — la création de nouvelles industries, l'ouverture de nouveaux débouchés.

Les études les plus urgentes doivent se tourner du côté des problèmes généraux

Le programme du Congrès du Génie Civil

d'organisation et de réorganisation de toutes nos industries car ils priment les autres.

Une lueur dans la nuit

Ce fut une mobilisation générale momentanée de tous nos administrateurs industriels en vue d'unir toutes les forces vives de la France pour une action commune et irrésistible.

Elle visait à faire cesser le gaspillage d'énergies, d'intelligences et de main-d'œuvre.

⁕

Nul d'entre nous ne saurait applaudir trop fort une initiative qui peut promettre d'être aussi féconde et un programme aussi vaste qui justement cadre avec les nécessités les plus urgentes de demain.

Notre Pays était délaissé

Envisage-t-on de très haut la situation générale de notre cher Pays — avant-guerre ? Quelle stupéfaction !

Nos fleuves, véritables artères nationales, sont délaissés.

Nos canaux s'enlisent.

Nos ports superbes restent sans utilisation, faute de raccordement pratique avec nos grandes lignes de circulation, faute de bateaux pour y amener, faute d'outillage pour y manœuvrer les tonnages considérables manutentionnés dans les ports modernes, pendant que nos ressources nationales servent à créer de grands ports à l'étranger.

Nos richesses hydrauliques sont à peine utilisées.

Nos rendements agricoles nous classent aux derniers rangs des Nations civilisées.

Nos richesses minières sont inexploitées. Nous importons, par exemple, l'étain de l'étranger alors que ce métal se trouve en abondance dans le centre de la France et que les sables même de certaines plages de l'Océan contiennent des proportions de ce métal très supérieures à celles exploitées à l'étranger.

Nos intelligences ne portent des fruits qu'en dehors de nos frontières.

Nos mères de familles qui, les premières, concourent à la défense de la Patrie, ont à se débattre elles-mêmes au milieu d'innombrables difficultés.

Nos classes laborieuses ne peuvent que rêver d'améliorations sociales toujours promises, jamais réalisées sérieusement.

Notre Pays, si riche, semble frappé d'une inconcevable stérilité.

Le Congrès du Génie Civil a certainement, au cours de ses travaux, trouvé les nouveaux moyens nécessaires pour remédier à cette lamentable situation.

Ses nombreuses Sections ont émis des vœux qui, à n'en pas douter, cadrent exactement avec les besoins réels du Pays.

La France un des pays les plus riches du monde est frappé de stérilité

— 13 —

Des
cris d'alarme
se sont élevés
depuis
des années

Mais depuis des années et des années des vœux de même nature ont déjà été émis.

Lysis, en 1906, dans une véhémente étude restée célèbre " Contre l'Oligarchie Financière ", avait signalé la cause d'anémie dangereuse provoquée par les agissements anti-patriotiques de nos Banques et de nos Etablissements de crédit.

Philouze, en 1911, s'était élevé contre les mêmes agissements.

Wurtz déclarait que l'organisation de l'hygiène chez nous n'était qu'une façade.

Reinach, en 1909, avait dénoncé le mal profond causé à notre Pays par la divulgation de méthodes nouvelles par les faiseuses d'anges.

La loi de 1810 sur les Mines a fait l'objet depuis 1847 de 27 tentatives infructueuses de modifications.

Le remaniement de la loi de 1867 sur les sociétés anonymes est en question depuis 1869.

Il semble que l'organisme chargé d'exécuter chez nous les décisions et de répondre aux vœux de nos organisations éclairées soit frappé d'une atrophie complète ou d'une viscosité qui lui interdisent toute action rapide et efficace.

Les enseignements de la guerre n'ont rien changé à cette situation qui est encore aujourd'hui celle décrite hier dans le journal " Économique Politique et Finances " du 2 mai 1914.

.*.

A côté de cet organisme impotent, nous assistons à des initiatives malheureuses, exagérées ou désordonnées.

Dans la " Bataille Syndicaliste ". du 4 juillet 1916, Jouhaux en était arrivé à se demander si on n'arriverait pas à décréter que les thermomètres ne descendraient pas au-dessous de dix degrés !

" La Chronique Industrielle " du 4 octobre 1917 poussait cette exclamation : « Le Parlement laissera-t-il un petit décret supprimer une grande loi organique ? »

Et la Chambre de Commerce de Marseille émettait le vœu : (" Le Temps " du 23 octobre 1917) « que dorénavant toute décision gouvernementale ou administrative ne soit appliquée avant qu'elle ait été portée à la connaissance des intéressés, dans les formes et les délais légaux ».

Les méthodes employées pour l'application de la péréquation des charbons, la centralisation à outrance, la généralisation de l'interdiction des importations, etc., ont été d'énormes erreurs économiques qu'aucun organe clairvoyant n'a pu empêcher de commettre.

Le gouvernail de notre navire gouvernemental ne fonctionne pas, fonctionne avec une lenteur désespérante, ou même souvent joue si brusquement qu'à chaque instant on frise le naufrage.

C'est à cet organisme si imparfait qu'incombera le soin de réaliser les vœux sur l'exécution desquels le Congrès du Génie Civil compte pour relever le Pays!

On conçoit donc tout le danger de cette méthode. Il ne s'agit pas seulement de connaître la nature du travail qu'aura à exécuter le Gouvernement, il faut encore savoir s'il sera à même de l'exécuter et s'il en a les moyens.

Pour labourer il faut une charrue

A quoi servira de dire à un laboureur de labourer ses terres s'il n'a pas la charrue, à un aveugle d'admirer la lumière puisque ses yeux sont fermés?

Avant de donner ce conseil au laboureur, dans l'ordre normal des choses, il faut d'abord lui donner la charrue ou tout au moins lui fournir les moyens de se la procurer.

Pour voir il faut des yeux

Avant de donner ce conseil à cet aveugle, il faut tout d'abord lui permettre de recouvrer la vue.

Avant de donner ces conseils au Gouvernement, il faut d'abord lui donner les moyens de les utiliser.

Sinon tous ces conseils viendront s'ajouter à ceux dont nous avons été inondés avant et pendant la guerre et ils ne feront que charger encore le linceul qui recouvrira nos espérances et nos désillusions.

Les travaux du Congrès du Génie Civil auraient donc dû, pour être logiques, et répondre aux besoins du Pays, comprendre deux parties bien distinctes :

1° Les mesures nécessaires ;

2° Les moyens nécessaires pour les réaliser.

La première de ces parties a dû être traitée par le Congrès. Ici, nous nous contenterons d'étudier la deuxième.

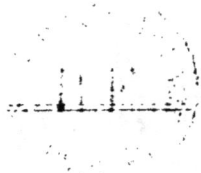

L'Impossibilité des Décisions

CHAPITRE II

*Incohérence
et
impuissance
gouverne-
mentales*

Tout d'abord à quelque parti politique qu'elle appartienne, nous trouvons dans la généralité de notre presse des plaintes fréquentes au sujet de l'indécision gouvernementale.

« Pas de cohésion, pas de courant directeur, pas d'orientation » disait Trigée dans le " Journal " du 2 mai 1914.

« Le labeur de la Chambre est incohérent et vain... » déclarait Philouze dans le journal " Economique, Politique et Finances " du 3 mai 1914.

« Quelle incohérence ! » s'écriait le sénateur Martinet dans le journal " Officiel " du 22 novembre 1916.

« Notre méthode du travail parlementaire est défectueuse parce qu'elle retarde tout »; déclarait " Le Matin " du 13 janvier 1917.

« Les lois les plus urgentes et les plus capitales sont traînées de commissions en commissions pour, le plus souvent, n'aboutir et encore après de longues années qu'à des lois imparfaites... » (" Revue d'Electricité " du 2 décembre 1915).

« Il y a dix ans que le Sénat a la loi sur les conseils de famille, huit ans qu'il a la

— 18 —

loi sur la légitimation des enfants adultérins ».
(" Journal " du 29 octobre 1915).

« Dix-huit ans de réflexions et d'hésitation... » (" Le Matin " du 13 novembre 1916).

« Un décret signé le 23 octobre 1914 répond à une demande datée du 29 août 1899 ». (" Victoire " du 2 mars 1917).

« Depuis longtemps à l'étude, la loi du 21 juillet 1867 n'a pas abouti ». (" Le Temps " du 22 octobre 1917).

« Il y a 17 ans que l'on attend une réglementation vraiment moderne ». (" Le Soir " du 27 août 1917).

« A quoi bon réaliser des programmes nouveaux si l'on ne réalise pas d'abord les premiers qu'on s'est fixés... » (" Le Temps " du 11 janvier 1917.

« Les décisions arbitraires se succèdent ». (" Victoire " du 6 février 1917).

« *L'Etat ne sert que les intérêts particuliers*, déclare M. Etienne Lamy dans " Le Correspondant " en 1916.

⁎

Quelles conclusions tirer de ce lamentable exposé que l'on pourrait allonger indéfiniment ? Notre situation demain exigera des solutions rapides. Continuer à vivre dans nos errements passés serait la condamnation irrémédiable de notre beau Pays et sa radiation du rang des grandes puissances.

La profondeur du mal, après la guerre, exigera des solutions urgentes et clairvoyantes.

Comment peut-on les admettre dans un système qui a donné de pareilles preuves *d'impossibilité?*

.*.

Les intérêts privés dominent le gouvernement

Quand on examine de près le fonctionnement de notre organisme gouvernemental, la première chose qui frappe est son impuissance en présence des grandes questions d'intérêt général et sa faiblesse vis-à-vis des revendications des intérêts particuliers.

Le député Guernier, déclarait le 27 novembre 1916 à la tribune de la Chambre qu'au-dessus du Gouvernement il y a des comités d'intérêts privés.

Un autre député, Jean Bon, signalait dans une séance de la Chambre qu'un des Sous-Secrétaires d'Etat avait été obligé de signer un marché contraint et forcé.

Lysis, dans son ouvrage " L'Oligarchie Financière " déclarait que l'oligarchie des banques était plus puissante que l'Etat et rapportait ce propos de Caillaux : « Ils sont trop forts, nous avons trop attendu ».

Notre Gouvernement, dans les grandes questions générales se trouve donc face à face avec des Comités d'intérêts privés, qui se dressent contre lui non par une opposition franche et brutale qui soulèverait le Pays contre eux, mais par des manœuvres souterraines, des pelures d'orange semées insidieusement sous les pas d'un Gouvernement trop patriote ou trop clairvoyant, des interpellations dont le but secret est la mise en échec d'un Gouvernement qui a pris telle mesure contrariant tels intérêts, etc...

L'intérêt général du Pays se trouve presque toujours en contradiction avec l'intérêt privé *immédiat*.

L'intérêt particulier de nos établissements de crédit est de saisir les 20 ou 30 % de commission que leur rapportent les émissions étrangères, celui d'un débitant est de laisser ses clients s'adonner à l'alcoolisme à satiété, — celui d'une sage-femme n'est pas du tout de conserver un enfant à la Patrie si sa suppression est pour elle plus lucrative.

Quel peut-être le mode d'action des Comités d'intérêts privés dont parlait le député Guernier pour obliger notre Gouvernement à se plier à leurs vues ?

Nous sommes ici pour nous expliquer franchement et loyalement. La brutalité de la situation qui peut avoir des conséquences incalculables pour l'avenir du Pays, nécessite l'ouverture au grand jour de notre abcès social.

Dans notre système actuel, le Parlement, émanation de l'opinion publique, dirige le Pays, le Gouvernement lui-même n'est que la délégation du Parlement.

La contradiction entre l'Intérêt général et les Intérêts particuliers

Or, comment est constitué le Parlement?

Bien peu d'entre nous accepteraient de remplir les fonctions délicates de député.

Le recrutement de nos députés

Ceux qui ont une situation hésiteraient longtemps à la sacrifier pour défendre les intérêts du Pays et intervenir dans les difficultés individuelles de la masse des électeurs. Ceux qui disposent de ressources n'accepteraient pas non plus l'épreuve si difficile de la lutte électorale où les insultes et la calomnie sont de règle.

Pour pouvoir accepter librement les épreuves de la lutte, il faut donc, à part quelques trop rares exceptions, ne pas avoir de situation à perdre, ni de ressources derrière lesquelles s'abriter.

La grande majorité de la Chambre est donc constituée ainsi.

Nos députés en général ne sont pas maîtres de leurs votes; ceux-ci sont dictés par les Comités d'intérêts particuliers qui ont fourni les subsides nécessaires aux élections

Si la lutte électorale pouvait se faire sans exposer de capitaux, cette situation ne présenterait pas de gravité exceptionnelle. Mais une élection coûte environ de 25 à 30.000 fr. Souvent plus. Qui les fournit et qui peut les fournir dans ces conditions ?

Ce sont pour une bonne part ces comités d'intérêts privés dont parlait le député Guernier, et ces comités cherchent ainsi, par des attaches pécuniaires, à briser les volontés les plus patriotiques et faire de gens animés

— 22 —

des meilleures intentions leur instrument particulier.

Et ces comités d'intérêts privés sont nombreux, ce sont toutes nos grandes organisations dont les ressources permettent la création de réserves considérables, et c'est aussi l'Allemagne qui, par des voies masquées, arrive à s'assurer au sein de notre Parlement de nombreux défenseurs inconscients.

Parmi
ces comités
d'intérêts
privés
se trouve
l'Allemagne

Combien les subsides de l'Allemagne ont-ils par des voies détournées assuré d'élections chez nous ? Nul ne le saura jamais !

Un de mes amis, député, homme fort intelligent et particulièrement clairvoyant, me disait récemment que la pensée et les directives allemandes pouvaient bien être défendues inconsciemment à la Chambre par peut-être une cinquantaine de députés.

Une
cinquantaine
de députés
au moins
obéissent sans
s'en douter
aux directions
Allemandes

Un certain nombre de députés ont pu se rallier autour de cette minorité soumise inconsciemment à l'influence allemande. Et comme conséquence grave de cette situation, le "Temps" du 25 octobre 1917 déclarait que « depuis le 7 décembre 1916 cette minorité de « 160 voix en moyenne, sous des motifs — ou « sous des prétextes divers, a provoqué la dé- « mission de trois présidents du Conseil avec « tout ce que peut comporter d'entraves dans la « bonne marche des services publics, de flotte- « ment dans les directions générales, l'incerti- « tude de vivre et de gouverner le lendemain ».

∴

L'action
parlementaire
des Intérêts
particuliers est
appuyée
parallèlement
par une
action sur la
presse

Outre cette action directe sur nos milieux gouvernants, les comités d'intérêts privés peuvent agir sur la presse qui est sensée représenter chez nous l'opinion publique.

La patriotique campagne de Lysis dans "L'Homme Libre" a dévoilé les moyens particuliers employés par le Comité d'intérêts allemands pour influencer la presse dans le sens favorable à ses desseins, en utilisant les services de la centralisation de la publicité au sein d'une société anonyme.

Par cette méthode, un journal était livré pieds et poings liés à l'inspiration allemande, sans qu'il reste de trace apparente et sous le couvert commercial.

Il suffisait à l'agence de publicité de déclarer que telle ou telle campagne était de nature à compromettre la valeur de publicité d'un journal, pour motiver de la part de cette agence des réductions considérables sur les traités en cours, — réductions en présence desquelles aucun directeur de journal ne pouvait résister, si patriotiques soient ses intentions, et quelque ferme que fut sa volonté de les mettre à exécution.

Il eut fallu de la part de notre Gouvernement une action financière contraire qui n'a jamais existé et qui n'aurait jamais pu exister.

Les Chambres n'auraient jamais toléré une intervention de cette nature dans un domaine qui a toujours été déclaré comme inviolable, celui de la " Liberté de Pensée ", domaine que cette inviolabilité même a livré sans défense aux manœuvres du machiavélisme allemand.

.*.

Nos Gouvernements successifs, dans ces conditions, n'ont jamais pu gouverner.

Pris d'une part entre les assauts parfois furieux des intérêts particuliers, d'autre part entre le désir de contribuer à la grandeur et à la sécurité nationale, ils n'ont pu que tourner indéfiniment dans un immense cercle vicieux.

Ils ne pouvaient bien servir le Pays qu'à la condition de froisser certains intérêts particuliers, d'autre part ils ne pouvaient rester au pouvoir qu'à condition de les ménager.

Il est surprenant dans ces conditions que notre Pays n'ait pas été précipité à l'abîme et que malgré ces invraisemblables difficultés nos gouvernements successifs aient pu développer dans le monde le rayonnement de notre Patrie.

Ce simple exposé montrera la valeur des intelligences françaises et ce qu'il sera possible d'espérer lorsqu'une organisation correcte permettra à ces intelligences de travailler uniquement pour le bien du Pays sans avoir, comme aujourd'hui, à résoudre les difficultésles plus invraisemblables et les plus inattendues.

— 25 —

Ainsi donc, nos gouvernants et nos parlementaires ont, au cours de leur vie politique, à résoudre ce problème impossible : défendre les intérêts généraux du Pays en ménageant les intérêts particuliers, — problème identique à celui d'ouvrir une porte tout en la laissant fermée.

C'est la recherche de la quadrature du cercle.

Nos gouvernants ne peuvent défendre à la fois les intérêts généraux et les intérêts particuliers. Ils doivent se consacrer à l'un ou à l'autre et non pas à l'un et à l'autre.

•*•

Ainsi que nous l'avons vu le Parlement dont les délégations successives constituent le gouvernement n'est que rarement le maître de ses votes.

Son indépendance est illusoire. Dans la réalité des faits il obéit et ne peut pas ne pas obéir aux intérêts particuliers intérieurs ou extérieurs qui ont assuré les élections individuelles.

Malgré la volonté patriotique certaine de la très grande majorité de nos parlementaires, par suite de la contradiction des intérêts généraux et des intérêts particuliers, le Parlement ne peut et ne prendra pas position dans l'œuvre

L'impossibilité pour le Parlement et le gouvernement de travailler toujours efficacement au bien et à la grandeur du Pays

Le Parlement ne prendra pas position proprio motu dans l'œuvre de reconstitution du Pays

de reconstitution et de régénération nationale qui est l'unique chance du salut du Pays, demain.

L'étude et la solution des questions d'intérêt général doivent être confiés aux soins d'un organisme spécial que notre Constitution du 23 février 1875 n'a pas prévu.

* * *

Que pourrait être cet organisme, comment devrait-il être constitué ?

Nécessité d'un Organisme
CHARGÉ EXCLUSIVEMENT DE LA DÉFENSE
DE NOS INTÉRÊTS GÉNÉRAUX

CHAPITRE III

Dans notre organisation les intérêts particuliers sont défendus

Ainsi que nous venons de le voir, toutes les difficultés invraisemblables au milieu desquelles se débat notre Gouvernement, — difficultés dont notre Pays a été la victime, — puisent leur origine profonde dans l'opposition constante entre les intérêts particuliers largement défendus dans notre organisation, — et nos intérêts généraux.

Les intérêts généraux sont sacrifiés

Ces derniers succombent généralement en raison même de leur essence immatérielle et lointaine.

Nulle reconstitution du Pays ne sera possible qui ne fera cesser cette dualité.

Nos intérêts généraux doivent être traités par un organisme indépendant de celui qui traite nos intérêts particuliers. — Ce fut une grossière erreur d'appréciation des possibilités humaines que d'obliger nos gouvernants à prendre position dans des questions qui peuvent être pour eux la source inépuisable de redoutables conflits avec ceux dont ils ont reçu le mandat législatif de défendre les intérêts.

— 28 —

Dans ces conflits peut sombrer et sombre souvent leur carrière politique.

Comment peut-on en effet demander à un de nos députés de défendre le Pays contre l'intoxication alcoolique alors que les débitants constituent pour lui, presque toujours, des agents électoraux importants ?

Un seul avocat pour défendre les deux causes adverses

Comment demander à nos députés de s'élever contre les abus des établissements de crédit, de nos syndicats d'importateurs de blé, de nos raffineurs de pétrole, de nos grandes compagnies de chemin de fer, etc., alors que cette protestation même peut équivaloir à un suicide politique, toutes ces organisations disposant de ressources considérables au moyen desquelles il leur est loisible de susciter insidieusement des compétitions électorales, d'autant plus efficaces qu'elles disposeront de moyens plus puissants.

Notre organisation actuelle n'aurait pu sauvegarder les intérêts du Pays, qu'à la condition essentielle — et à cette condition seulement, — que tous nos élus soient animés d'un esprit de sacrifice que la religion n'attribue qu'à ses saints.

Le problème est insoluble

Les saints ne constituent qu'une partie infime de l'espèce humaine et de la part des créateurs de notre constitution actuelle cela a été une grossière utopie de supposer qu'il était possible de confier les rênes d'un Pays exclusivement à cette catégorie extrêmement rare d'êtres humains.

*Un pays
est gouverné
par des
hommes et
non
par des saints*

Un pays ne peut être gouverné que par des hommes et l'organisation générale doit tenir compte des contingences et des nécessités humaines et non se laisser égarer dans des considérations utopiques d'un rêve irréalisable.

Notre organisation actuelle n'a pas prévu que la force humaine a des limites rigides. Cette erreur a été d'autant plus grave que ses conséquences ne se limitent pas aux milieux parlementaires, mais atteignent le Gouvernement lui-même qui pour gouverner est obligé de ménager soigneusement la majorité d'où il tient son autorité.

Nulle description plus saisissante n'a été donnée des difficultés gouvernementales que celle faite par notre Président actuel M. Poincaré, il y a quelques années, et reproduites dans la " Revue Industrielle " du 27 novembre 1915 :

*Le chaos
gouverne-
mental*

Après comme avant 1865, nous avons eu beaucoup de ministères ; nous avons eu peut-être un peu moins de gouvernements, et je me demande, en vérité, quand et comment les ministres seraient maîtres de gouverner.

Depuis le temps où J.-J. Weiss décrivait, avec une spirituelle exactitude, une journée ministérielle, on n'a guère ménagé de nouveaux loisirs à ces hauts prisonniers d'État.

Ils tiennent, dit-on, conseil trois fois par semaine et ils traitent, sans doute, dans ces conversations officielles, de la politique générale et des grands intérêts publics.

Ils ne peuvent pas ne pas avoir le sentiment très élevé de la mission que leur a confié le hasard des combinaisons parlementaires.

— 30 —

Ils sont placés assez haut pour avoir des vues d'ensemble, assez près de la démocratie pour entendre sa voix.

Demandez à l'officier qui porte le drapeau du régiment si, lorsque sa main tient la hampe, il ne sent pas s'accumuler en lui une sorte de valeur collective et de courage multiplié.

Ces ministres savent qu'ils sont les interprètes suprêmes des volontés nationales ; ils vont évidemment, chaque fois qu'ils se rencontreront, examiner de concert ce que leurs ancêtres appelaient les grandes affaires et diriger, avec la force d'impulsion d'une pensée commune, l'action intérieure et extérieure du gouvernement de la France.

Détrompez-vous.

Les grandes affaires les occuperont demain ; mais, ce matin, il y a tant de petites choses à régler !

Tel député, mécontent d'une nomination de receveur-buraliste, doit interpeller l'après-midi.

Tel autre député réclame pour un protégé la présidence d'un tribunal qu'un sénateur sollicite pour un autre candidat.

Grave conflit. A qui donner satisfaction ? Le sénateur est fidèle, le député inconstant.

On délibère et, comme il convient, c'est le député qui l'emporte.

Dix heures sonnent, dix heures et demie, onze heures.

Le Ministre des Affaires Étrangères a reçu d'importantes nouvelles qu'il désire communiquer au Conseil.

Le Ministre des Finances est porteur de grandes réformes qui exigeraient une étude prolongée. Que faire ? Il est tard. Le Ministre de l'Intérieur est attendu par les journalistes venus aux renseignements.

Il faut partir.

Du reste, le Ministre des Affaires Étrangères ne sait-il pas mieux que personne le parti qu'il doit prendre ? Le Ministre des Finances n'est-il pas, par ses

— 31 —

fonctions mêmes, le plus compétent dans les questions financières?

Le mieux est de leur laisser carte blanche.

On parlera un autre jour de la politique générale, un autre jour on parlera de la France.

Voilà le pouvoir exécutif et voici le législatif.

La séance est ouverte. Le président annonce, suivant l'expression réglementaire, le projet dont l'ordre du jour « appelle » la discussion. L'ordre du jour « appelle » le budget ; il l'appelle vainement.

La Chambre répond par un impromptu. Une fantaisie a traversé, avec un battement d'ailes, un cerveau parlementaire : un député a demandé la parole.

C'est son droit.

Il réclame l'urgence et la discussion immédiate.

C'est son droit.

Il lit l'exposé des motifs.

C'est son droit.

Le Gouvernement est sommé de donner son avis. Il ignore ce dont il s'agit. Le scrutin est ouvert. Les députés courent à leurs pupitres :

Qu'est-ce que c'est? Sur quoi vote-t-on?

Le scrutin est clos; le président fait connaître le résultat du dépouillement et rappelle le budget oublié ; sa voix trouve enfin un écho tardif. Sur le chapitre auquel on est resté la veille, quatre amendements ont été déposés, dont deux au début de la séance. Ni le Gouvernement ni la Commission ne sont prévenus. On discute, on se dispute, on vote.

Les crédits sont augmentés d'un million. Gouvernement et Commission sauront y pourvoir.

Ils auront, s'il le faut, recours à un de ces jeux d'écritures qui permettent de fixer momentanément l'équilibre sur le papier, jusqu'à ce que le Sénat essaye de le rétablir dans la réalité.

Le soir, si la séance est levée sans qu'aient été dévorés quelques autres millions, Commission et Gouvernement poussent un soupir de soulagement.

Le sabotage de nos intérêts généraux

Le sabotage des finances publiques

Le plus soulagé encore, c'est le Gouvernement.

Il n'a pas perdu sa journée, puisqu'il l'a passée sans interpellation.

Mais, demain, sa bataille sera plus rude : l'ordre du jour « appellera » la soixantième interpellation adressée au cabinet depuis six mois.

Les billets de galerie font prime.

Le registre des inscriptions ne contient que des noms obscurs ; mais on sait que ces noms sont là pour en masquer d'autres et que tous les chefs de groupes se proposent de parler.

Il y aura grande joute oratoire.

Chaque parti développera son programme en belle langue française ; chacun dira sa raison d'être, sa méthode, son idéal ; ce sera le rendez-vous des opinions diverses et des sentiments variés qui circulent dans le pays sans en troubler l'unité profonde...

Hélas ! c'est le rendez-vous des ambitions, des appétits et des rancunes ; c'est la fièvre et la folie d'une réunion publique ; c'est la fête des médiocrités audacieuses et le deuil résigné des esprits délicats.

Trop heureux ministère si, à la fin de la séance, il n'est pas honteusement piétiné par sa majorité débridée.

Il a résisté, pourtant ; il a vaincu et, maintenant, il faut payer la victoire.

Les députés mendient la récompense de leur sagesse provisoire.

Ils entendent mettre la main sur le Gouvernement. Il leur appartient, puisqu'ils ne l'ont pas abandonné.

Les administrations dépendant du Gouvernement sont, en bonne logique, leur conquête et leur chose.

Préfets, magistrats, ingénieurs, professeurs de tous ordres, il n'y a pas un fonctionnaire qui, dans chaque arrondissement de France, ne doive être à la dévotion et à merci d'un député.

La Révolution avait proclamé qu'aucune

— 33 —

section du peuple ni aucun individu ne pouvait s'attribuer l'exercice de la souveraineté.

Quelques centaines d'individus se l'attri-
buent, cependant, sans fausse modestie, et chacun
d'eux, en se voyant dans son miroir, croit y découvrir
l'image de la nation.

∗⁎∗

*La défense
de nos intérêts
généraux
doit être
confiée à un
organisme
spécial*

Ainsi donc dans notre organisation
générale, la défense de nos intérêts généraux
doit être confiée au soin d'un organisme spécial
hors des atteintes des intérêts particuliers.

Cet organisme doit constituer l'abri
derrière lequel nos parlementaires et nos gouvernants pourront se réfugier en sécurité lorsque
des mesures d'intérêt général soulèveront les
protestations trop véhémentes d'intérêts particuliers lésés par ces mesures.

Nos parlementaires et nos gouvernants
trouveraient, grâce à cette organisme, une sécurité qu'ils n'avaient pas dans le passé où cette
lutte incessante constituait la source inépuisable de nouvelles préoccupations.

L'absence de sécurité est la cause initiale du plus grave reproche adressé à nos Pouvoirs Publics, « l'absence de cohésion, de courant directeur et d'orientation ». ("Journal" du
2 mai 1914).

Nos Pouvoirs Publics ne pouvaient
pas ne pas être obligés de louvoyer suivant leurs
compétences ou suivant leurs moyens au milieu
des innombrables difficultés que les intérêts

particuliers soulevaient à chaque instant sous leurs pas.

Un Ministre résolvait ces difficultés d'une façon différente à celle du Ministre précédent. Le Pays était secoué dans d'invraisemblables cahots qui annihilaient toutes ses forces vives.

Rien n'existait dans notre organisation passée pour parer aux erreurs ministérielles, erreurs obligatoires, faute de temps matériel et de sécurité, indispensables pour étudier en toute sérénité les voies et moyens d'atteindre les buts visés. Nos lois subissaient toutes les pollutions des intérêts particuliers.

Le Pays était livré sans défense à toutes les fantaisies ministérielles ou parlementaires.

Le Conseil d'Etat

ET SON ROLE ACTUEL

CHAPITRE IV

Dans l'esprit du premier Consul, dont la législation constitue encore aujourd'hui les soubassements essentiels de notre ordre social, le Conseil d'Etat était très probablement appelé à remplir le rôle d'organe défenseur de nos intérêts généraux.

La Constitution du 22 Frimaire an VIII définit ainsi ses attributions :

ART. 51. — « Sous la direction des Consuls « un Conseil d'Etat est chargé de rédiger les projets « de loi et les règlements d'administration publique et « de résoudre les difficultés qui s'élèvent en matière « administrative ».

L'indépendance nécessaire du Conseil d'Etat était très limitée avec cette rédaction. Il n'était qu'un agent d'exécution sous la direction des Consuls.

Cette indépendance avait néanmoins été reconnue nécessaire par la suite et Louis Napoléon dans sa proclamation du 14 janvier 1852 assignait au Conseil d'Etat un rôle plus étendu et se rapprochant de celui qu'il aurait dû avoir chez nous :

« Plus un homme est haut placé, plus il est

« indépendant, plus la confiance que le peuple a mise
« en lui est grande, — plus il a besoin de conseils
« éclairés et consciencieux.

    « De là, la création d'un Conseil d'État
« désormais véritable conseil du Gouvernement, pre-
« mier rouage de notre organisation nouvelle, réunion
« d'hommes pratiques, élaborant des projets de lois
« dans des conditions spéciales, les discutant à huis
« clos, sans ostentation oratoire, et les présentant
« ensuite à l'acceptation du corps législatif ».

    Malheureusement, cette interprétation
juste du rôle de cet organe essentiel de notre
organisation générale fut annihilée par le texte
même de la Constitution du 14 janvier 1852
qui était le même que celui de la Constitution
du 22 frimaire an VIII.

    ART. 50. — « Le Conseil d'État est chargé
« *sous la direction* du Président de la République, de
« rédiger les projets de loi et les règlements d'admi-
« nistration publique et de résoudre des difficultés qui
« s'élèvent en matière d'administration ».

    Cet article plaçait le Conseil d'État
sous la dépendance directe du Président de la
République et, par ce fait même, annihilait l'esprit de la proclamation de 1852 qui comprenait
implicitement pour les membres du Conseil
d'État l'indépendance nécessaire pour que des
conseils " éclairés et consciencieux " puissent
exercer librement leur action.

    L'article 40 prévoyait bien un droit
de veto :

    « Tout amendement adopté par la Commis-
« sion chargé d'examiner un projet de loi, sera ren-

*Dans la
Constitution
de 1852
le Conseil
d'Etat avait
droit
de veto*

« voyé sans discussion au Conseil d'Etat par le Prési-
« dent du Corps législatif.

« Si l'amendement n'est pas adopté par le
« Conseil d'Etat il ne pourra être soumis à la délibé-
« ration du Corps législatif ».

Le Sénatus Consulte du 21 mai 1870
ne contient pas cet article, mais ne l'a pas
abrogé, et la loi du 24 mai 1872 a encore réduit
les pouvoirs du Conseil d'Etat en consacrant le
rôle purement consultatif de cet organe important :

Loi du 24 mai 1872, article 8. — « Le
« Conseil d'Etat donne son avis : 1° Sur les projets
« d'initiative parlementaire que l'Assemblée *juge à
« propos* de lui envoyer... »

Cette loi de 1872 consacrée par la loi
du 25 février 1875 (art. 4) confine définitive-
ment le rôle du Conseil d'Etat — en tant que
Conseil du Gouvernement, à celui d'avocat
conseil *facultatif*.

Dans sa forme et ses pouvoirs actuels,
notre Conseil d'Etat est dans l'impuissance de
remplir un rôle efficace dans la recherche et la
défense de nos intérêts généraux.

*
* *

Ainsi donc dans notre organisation
française le seul organe qui aurait pu faire frein
à la houle et aux vagues d'une Assemblée sen-
sible aux mouvements d'opinions et agitée à l'intérieur par les tourbillons parfois violents des

intérêts particuliers, — a été ligoté et paralysé par la loi du 24 mai 1872.

Cette loi l'a relégué au rang de parent pauvre de la grande famille française. Oublié souvent on ne le consulte qu'en cas d'urgente nécessité.

La loi constitutionnelle du 16 juillet 1875 sur les rapports des Pouvoirs Publics a même ignoré totalement son existence.

**

Notre Président de la République, au point de vue législatif, ne possède aucun autre pouvoir que celui d'avoir concurremment avec les deux Chambres l'initiative des lois (article 3, constitution du 25 février 1875).

Il ne peut s'opposer et rien dans notre organisation ne lui permet de s'opposer à l'application de lois de circonstances provenant d'un sursaut momentané et passager de l'opinion publique. — lois de circonstance dont l'effet peut subsister indéfiniment, même quand la cause a disparu.

Le Président de la République est aussi impuissant

Aussi notre Pays est-il constamment agité par des tempêtes et des vents contraires qui ont créé des préoccupations au milieu desquelles il a souvent été oublié.

Notre appareil législatif est le fruit du hasard des votes et non celui d'une réflexion sage et prudente découlant de cette directive fondamentale que tout dans une organisation doit converger vers le bien-être et la prospérité

Notre organisation générale est le fruit du hasard des votes et non d'une sage réflexion

— 39 —

toujours plus grande de ceux appelés à en bénéficier.

Un peuple ne se meut que dans le cadre que lui tracent les lois

Un peuple ne se meut que dans le cadre étroit que lui tracent les lois. Si ces lois paralysent les énergies individuelles au lieu de les exciter, si elles protègent la satisfaction et la suffisance des grands au lieu de favoriser l'ambition et le désir de croissance des petits, — le Pays tout entier ne peut que végéter misérablement et boire jusqu'à la lie dans le calice de son impuissance à faire le moindre pas en avant dans la voie du Progrès.

Si ce cadre est informe le Pays ne peut que végéter misérablement

***

Telle est, en somme, la situation que nous avons tous connue et d'où découlent les lamentations journalières de ceux qui désireraient voir remédier à l'état de choses déplorable présent et passé. Cet état de choses a rendu particulièrement lourde la tâche de ceux auxquels a été confiée la défense du Pays.

L'Organisation générale
AMÉRICAINE

___

CHAPITRE V

Si nous jetons un coup d'œil sur l'organisation générale de nos alliés d'Amérique — la première chose qui frappe est le développement considérable de cette Nation encore jeune et son indomptable énergie.

Relever, de l'autre côté de l'Atlantique le gant jeté par la formidable organisation allemande, malgré les périls et l'incertitude amenées par la guerre sous-marine, — est un exemple d'audace et d'énergie qui restera éternellement gravé dans l'histoire des mondes.

Et encore le problème matériel n'était pas le seul à résoudre.

La préméditation allemande n'avait négligé aucun effort pour intoxiquer les Etats-Unis, et sinon les faire sombrer dans la lutte, du moins les mettre dans l'impossibilité de l'accepter.

Et ce problème était peut-être le plus grave, le plus important qu'avait à résoudre le Président Wilson avant de prendre parti. L'arme psychologique dont l'Allemagne excellait à se servir est peut-être la plus terrible du conflit actuel. Les événements dans lesquels a som-

La vigueur américaine

L'intoxication allemande aux Etats-Unis

bré la Russie en sont un exemple frappant.
Jamais l'artillerie la mieux pourvue, les gaz
asphyxiants les plus délétères n'auraient donné
pareil résultat.

Les Etats-Unis portaient en abondance les germes morbides du virus germa-
nique. L'Allemagne ne s'était pas fait faute de
les semer à profusion.

Quels efforts insoupçonnés n'a pas dû
faire le Président Wilson pour se débarrasser
du virus mortel dont nous-mêmes n'avons pas
encore réussi à nous désintoxiquer.

✱

*La constitution
des E.-U.
semble
pareille à la
nôtre*

Et pourtant à première vue l'organisation américaine est bien semblable à la
nôtre. Le Président est élu pour quatre ans au
lieu de sept, c'est vrai. — mais la différence est
bien peu considérable. Comme chez nous, la
Constitution Américaine comprend deux Chambres auxquelles est confiée exclusivement toute
la législature.

Comment peut-il se faire que ces deux
organisations qui, à un examen superficiel,
paraissent similaires, donnent chez l'un des
exemples aussi frappants d'impuissance et de stérilité, et chez l'autre une manifestation aussi
éclatante d'énergie et de vitalité.

✱

Des esprits superficiels ont cru expliquer ce contraste frappant en signalant que

les Etats-Unis s'étaient constitués sur un terrain neuf, avec une population recherchant, dans l'organisation, un abri contre les dangers d'un Pays insuffisamment civilisé, — et que notre Pays trop ancien, enlisé dans de trop vieilles routines, était irrémédiablement frappé de vétusté.

Si ces esprits avaient, en particulier, jeté un coup d'œil sur l'énergie et la ténacité remarquables qu'on dû dépenser ceux de nos nationaux qui se sont consacrés à nos conquêtes coloniales, ils se seraient sûrement posés ce problème troublant :

L'énergie et la ténacité françaises

Pourquoi notre Pays montre-t-il tant d'énergies et tant de qualités au dehors, et en a-t-il aussi peu au dedans ?

Ces esprits n'auraient pu éviter d'attribuer d'aussi frappants contrastes qu'à une différence d'organisation. L'organisation métropolitaine paralyse tout et l'organisation coloniale, sans être parfaite, favorise le développement.

L'organisation générale joue donc un rôle capital dans le développement d'un Pays. Le Pays même ne joue qu'un rôle secondaire et n'en joue plus lorsque le temps passant la mentalité générale s'est imprégnée de l'organisation.

L'organisation générale joue un rôle capital dans le développement d'un Pays

La différence de prospérité, de vigueur et de vitalité entre notre Pays et les Etats-Unis provient uniquement des différences d'organisation.

L'organisation que nous devrons établir demain, constituera l'élément fondamental de notre relèvement.

∗_∗

J'ai dit plus haut que, pour un observateur superficiel, l'organisation française et l'organisation américaine avaient de grandes ressemblances.

Quand on fouille plus au fond l'organisation américaine on constate néanmoins que le grand souci des Pères de la Constitution Américaine du 17 septembre 1787, a été précisément de dresser des barrières contre les débordements de Chambres, parfois violemment agitées par les passions populaires et les actions souterraines des intérêts privés.

Aux États-Unis des barrières protègent le Pays contre les débordements des Chambres et les attaques des intérêts particuliers

La législature appartient seule aux Chambres. Le Président n'a qu'un rôle exécutif. Il n'a pas comme chez nous, concurremment aux Chambres l'initiative des lois. Il est agent d'exécution.

En le maintenant, lui et ses ministres, séparé de la législature, la Constitution a pensé augmenter sa force tout en protégeant les Chambres contre toute tentative de corruption de sa part.

En lui supprimant le droit d'initiative elle l'affaiblissait aussi et le magistrat exécutif semblait abandonné à la merci de la législature.

— 44 —

La **Constitution** le protégea contre ce danger en lui donnant un droit de veto, droit qui ne peut être annulé que par un vote du Congrès à la majorité des deux tiers.

1° *Le droit de veto du président*

Ce droit de veto entre les mains d'un organe indépendant des Chambres constitue donc une première barrière contre les erreurs toujours possibles d'une Assemblée sujette à des influences et des mouvements d'opinions.

La faculté laissée à l'Assemblée de passer outre au veto, par un vote entraînant une majorité de deux tiers, met aussi l'Assemblée à l'abri des abus de ce droit de veto.

Le Président des Etats-Unis peut donc dresser une barrière aux lois qu'il juge ne pas être compatibles avec les intérêts du Pays. Il peut faire frein à leur élaboration.

***

Néanmoins, soit que les effets d'une loi lui aient échappé, soit que les Chambres aient pu réunir pour la faire promulguer une majorité des deux tiers, — une loi peut passer qui, à l'expérience, donne des résultats fâcheux.

C'est alors là qu'intervient un nouvel organe, la Cour Suprême, dont les Américains reconnaissent volontiers l'immensité des services rendus.

2° *La Cour Suprême*

Le rôle de la Cour Suprême
AUX ÉTATS-UNIS

CHAPITRE VI

L'article 3 section 1 et 2 de la Constitution Américaine du 17 septembre 1787 définit le rôle et les attibutions de la Cour Suprême :

« Section 1. — ..... Le Pouvoir judiciaire des « Etats-Unis sera dévolu à la Cour Suprême et à tels « Cours inférieures dont le Congrès peut de temps en « temps ordonner l'établissement.

« Les juges, aussi bien de la Cour Suprême « que des Cours inférieures conserveront leurs charges « tant qu'ils se conduiront bien...

« Section 2. — ..... Le Pouvoir judiciaire « s'étendra à tous les cas de droit et d'*équité*, qui pour- « ront se produire sous l'empire de la présente Consti- « tation, des lois des Etats-Unis, et des traités conclus « ou qui pourront être conclus sous leur autorité.....et « aux différends dans lesquels les Etats-Unis seront « partis.....

La brièveté de ce texte laisse place à de nombreuses interprétations et le fonctionnement actuel de la Cour Suprême découle des nombreuses interprétations successives données au texte primitif et que l'usage a consacrées.

James Bryce, dans son ouvrage si remarquable "La République Américaine" déclare (tome I. P. 547) que « probablement aucun écrit, à l'exception du Nouveau Testament, du Koran, du Pentateuque, et du Digeste de l'empereur Justinien, n'a fait dépenser autant de sagacité, de ténacité et de travail que la Constitution Américaine, pour en examiner, peser, comparer, expliquer, retourner et torturer le texte ?... et page 373 ». La Constitution Américaine telle qu'elle est aujourd'hui avec cette masse de décisions qui la complètent et l'expliquent, est un instrument beaucoup plus complet et parfait qu'elle ne l'était lorsqu'elle est sortie toute fraîche des mains de la Convention.

Aussi serait-il illusoire de rechercher dans le texte primitif les directives *actuelles* d'un instrument qui a subi la patine du temps et qui, dans la sécurité de l'éloignement, a pu peu à peu être ciselé minutieusement pour arriver insensiblement à la forme et à l'interprétation actuelles.

James Bryce raconte : P. 370 qu'un anglais intelligent ayant appris que la Cour Suprême fédérale était créée pour protéger la Constitution et avait l'autorité nécessaire pour annuler les mauvaises lois, passa deux jours à chercher partout dans la Constitution Fédérale, les dispositions qu'on avait proposées à son admiration.

Nous ne pouvons retenir de la Constitution Américaine que l'interprétation et le fonctionnement actuels des organismes qu'elle met en jeu et qui sont admirablement exposés dans l'ouvrage de James Bryce :

« P. 397..... Les services rendus par

L'interprétation actuelle du rôle de la Cour Suprême ne se trouve pas dans le texte de la Constitution des Etats-Unis

— 47 —

« les Cours Fédérales (1) au Pays en général,
« sont inestimables...

« P. 396..... Le crédit et le prestige
« de la Cour Suprême sont très grands...

« P. 392.... En 1801... elle déclara
« qu'elle avait le pouvoir de forcer un fonction-
« naire exécutif à l'accomplissement d'un devoir
« concernant les droits des individus...

« P. 396..... En 1896... La Cour pour
« la première fois déclara nul un statut d'Etat...

« P. 387..... Elle peut modifier ce qui
« était considéré comme étant la loi...Elle peut
« ébranler ou compromettre les intérêts privés
« basés sur des théories maintenant déclarées
« erronées...

« P. 385..... Quelquefois la Cour est
« entrée en conflit avec l'exécutif. Quelquefois
« on lui a demandé de prononcer des jugements
« qui ont eu sur la politique les conséquences
« les plus graves...

« P. 392..... La Cour Suprême n'a pas
« toujours eu des mers sereines pour naviguer.
« Plus d'une fois elle a été secouée par des
« rafales d'impopularité. Elle s'est fréquemm-
« ment trouvée en conflit avec d'autres auto-
« rités ».

---

(1) Les Cours Fédérales sont sous la dépendance de la Cour Suprême et sont dans chacun des
Etats confédérés ce que la Cour Suprême est pour
l'ensemble des Etats-Unis.

« P. 400..... Elle n'a pas toujours suivi
« ses propres décisions antérieures... Elle doit
« parfois choisir entre deux maux : troubler la loi
« en réformant ou perpétuer une mauvaise loi...

« Et P. 399..... La Cour Suprême est
« la voix vivante de la Constitution, c'est-à-dire la
« volonté du peuple exprimée dans la loi fonda-
« mentale qu'il a rendue. C'est, comme on l'a dit,
« *la conscience du peuple qui a résolu de*
« *se préserver lui-même de tout acte irré-*
« *fléchi ou injuste en plaçant au-dessus*
« *de ses représentants une loi perma-*
« *nente. Elle est la garantie de la mino-*
« *rité qui, lorsqu'elle est menacée par la*
« *véhémence impatiente de la majorité,*
« *peut en appeler à la loi permanente,*
« *dont elle trouve, dans une Cour placée*
« *au-dessus des assauts des factions, l'in-*
« *terprète et l'exécuteur.*

« Pour s'acquitter de ses fonctions im-
« portantes, la Cour doit être aussi stable même
« que la Constitution. Son esprit et son ton doivent
« être ceux du peuple dans ses meilleurs mo-
« ments; elle doit résister aux impulsions pas-
« sagères, et elle doit leur résister avec d'autant
« plus de fermeté qu'elles sont plus véhémentes.
« Retranchée derrière des remparts imprena-
« bles, elle doit être à même de défier à la fois
« les attaques ouvertes des autres départements
« du Gouvernement et les séductions plus dan-

*Ce qu'est
la
Cour Suprême*

*La Cour
Suprême se
dresse
au-dessus des
représentants
du peuple*

*Elle doit
résister à des
assauts parfois
furieux*

— 49 —

« gereuses, parce qu'impalpables, du sentiment
« populaire... »

La Cour Suprême traite donc en toute
souveraineté les questions qui ont un caractère
National. *Elle constitue par essence un organisme d'intérêt général.*

C'est l'ultime recours de tout citoyen
améicain contre les abus ou les erreurs d'une
législature soumise à des influences nombreuses.

∗∗

La Constitution américaine place
l'équité sur le même pied que le droit, contrairement à ce qui se passe chez nous. Il en résulte
pour la Cour une énorme liberté d'action qui
lui permet de rendre effectivement la justice,
alors que chez nous la justice est le plus souvent obligée de se confiner dans les limites
étroites du droit créé par une législature n'ayant
pas passé par le crible ou le veto du Président,
ou les arrêts possibles d'un organe suprême à
l'abri des passions et dominant la Nation.

La faculté, pour un citoyen américain,
de faire intervenir dans un conflit le point
d'équité, lui assure une défense efficace contre
tout organisme, si puissant soit-il, qui tenterait
d'abuser de sa puissance.

De là, une différence fondamentale
entre l'allure générale de nos deux pays. L'organisation américaine assure aux citoyens des

*La Cour
Suprême est un
organisme
d'intérêt gé-
néral*

*L'équité
est placé sur le
même pied
que le droit aux
Etats-Unis*

Etats-Unis une liberté et une sécurité que nous sommes bien loin de connaître.

***

L'armature des Etats-Unis protège donc le Pays par une double barrière :

1° La faculté par le Président d'user de son droit de veto ;

2° La faculté par la Cour Suprême de trancher les cas nationaux litigieux en droit et en équité.

Ces deux barrières n'existent pas dans notre organisation.

Aux Etats-Unis une double barrière protège les intérêts généraux

De l'organisation générale
NÉCESSAIRE AU RELÈVEMENT DU PAYS

CHAPITRE VII

L'organisation américaine, trop lente, ne peut s'appliquer chez nous

Est-ce à dire que nous devions demain copier textuellement le système américain.

Je ne le crois pas.

La situation du Pays sera telle que des mesures rapides s'imposeront et il semble à première vue que le système américain ne se prête pas à la rapidité.

L'initiative législative étant uniquement réservée aux Chambres, il n'est pas impossible que des intrigues ne se créent chez nous pour paralyser tout effort tendant à améliorer notre situation passée. Ces initiatives doivent, le cas échéant, être prises en dehors des Chambres, tout en restant étroitement subordonnées à leur acceptation.

Le système américain qui dresse une barrière étanche entre le législatif et l'exécutif ne peut permettre à des initiatives de cette nature de se faire jour. Il accorde une importance trop considérable au travail du temps. La prospérité actuelle des États-Unis est le fruit de plus d'un siècle d'efforts persévérants et qu'aucune influence extérieure puissante n'est venue troubler. Les situations réciproques de nos deux Pays ne sont pas les mêmes.

On peut estimer que le cataclysme dans lequel nous vivons actuellement ne constitue que la phase matérielle d'une lutte dans laquelle nous avons été entraînés malgré nous et à notre insu depuis des années et des années.

Les modalités de cette lutte peuvent changer du jour au lendemain et notre organisation doit permettre de suivre sans délai toutes ces modalités.

Le système américain ne le permet pas. Le vote d'une loi d'initiative parlementaire peut demander des années, — la réforme d'une loi qui s'est montrée défectueuse à l'expérience met en jeu la Cour Suprême dont les décisions sont obligatoirement très longues.

La position géographique de notre Pays, au voisinage de la convoitise et de l'ambition d'une Nation dont les intentions à notre égard ont toujours été suspectes, oblige à étudier un système plus souple, d'action plus rapide tout en présentant les mêmes sécurités et les mêmes garanties pour le Pays.

.

Nous venons de voir que le système américain repose essentiellement sur la séparation du Pouvoir législatif et du Pouvoir exécutif, le premier confié aux Chambres et le dernier au Président, — ces deux pouvoirs dominés par la Cour Suprême.

Notre organisation doit permettre de suivre sans délai les modalités d'une lutte dans laquelle nous sommes entraînés à notre insu depuis des années et des années

Nos Constitutions du 3 septembre 1791, 24 juin 1793, 5 fructidor an III, se sont probablement inspirées de la Constitution Américaine en ce qui concerne la séparation des Pouvoirs. Mais elles ne comportaient pas l'organe régulateur que constitue la Cour Suprême en Amérique.

L'absence d'organe régulateur dans nos constitutions successives a donné à notre histoire un caractère de lutte acharnée

Cette absence a donné à notre histoire de cette époque et aussi par la suite, un caractère de lutte acharnée, rien ne s'opposant aux erreurs des uns et aux abus des autres :

La Constitution du 22 frimaire an VIII marque la capitulation du pouvoir législatif.

Celle du 6 avril 1814, constitue une transaction qui se retrouve dans notre Constitution actuelle " Le roi, le Sénat et le Corps législatif concourent à la formation des lois".

La Constitution de 1848, constitue une victoire pour le pouvoir législatif et celle de 1852 donne à nouveau au pouvoir exécutif la place qu'il avait perdue. Le Sénatus consulte du 21 mai 1870 consacre la victoire du Pouvoir exécutif, toutes les lois devant être sanctionnées par l'empereur.

Le Pays ne pouvait que souffrir au milieu de ces luttes dont plusieurs furent sanglantes, faute d'un organisme suprême à l'abri des passions et dont le seul rôle eut été de rappeler à tous qu'au-dessus des luttes de partis et des ambitions particulières, se trouvait la Nation.

.*.

A l'issue de la guerre, notre situation sera grave, notre plus brillante jeunesse engloutie dans la fournaise, nos finances épuisées.

L'appel que nous aurons dû faire à l'importation étrangère pour soutenir la lutte sera pour nous une charge dont nous traînerons le poids pendant de longues années.

Le Pays ne pourra se relever qu'à condition de décupler les énergies résistantes, utiliser correctement les plus petites bribes de notre sol national, mettre à jour les richesses que renferme son sous-sol, utiliser ses ports et ses cours d'eau.

Tout ce travail de reconstitution ne peut se faire que dans le calme et la tranquillité. Si aux menaces extérieures, qui peut-être seront toujours pendantes, viennent s'ajouter la discorde intérieure et les luttes stériles — tout relèvement deviendra impossible et notre avenir sera plus sombre que jamais.

La suppression des causes de discorde intérieure est la condition indispensable au relèvement du pays

Il importe donc de parer aux causes de discorde que nous n'avons que trop connues, de dresser une barrière aux ambitions particulières qui voudraient s'exercer au détriment du Pays.

Comment devons-nous faire ?....

.*.

Nous avons vu plus haut que les luttes

— 55 —

acharnées qui ont sillonné notre histoire au cours du siècle dernier, provenaient uniquement de l'absence entre le Pouvoir exécutif et le Pouvoir législatif d'un organe supérieur chargé de s'opposer aux abus des uns, de parer aux erreurs des autres et de représenter par-dessus tout les intérêts du Pays.

Notre forme gouvernementale actuelle ne constitue qu'un compromis entre ces deux pouvoirs que l'histoire a toujours montré ennemis.

Notre histoire passée a montré que ce *modus vivendi* avait bien à peu près assuré la tranquillité intérieure, mais elle a aussi montré que les intérêts matériels du Pays avaient été sacrifiés.

Ni le Pouvoir législatif, ni le Pouvoir exécutif n'avaient rien fait pour arrêter l'anémie mortelle dont semblait être frappé notre Pays.

Il dépérissait à vue d'œil :

Depuis 1907 la progression des successions se transformait en une dégression inquiétante et tombait de 3 milliards 901 millions en 1907, à 5.699 millions en 1910.

Notre nation qui tenait le premier rang des grandes nations mondiales en 1875 au point de vue du déficit économique, passait au dernier en 1912. Alors que ces nations amélioraient ce déficit 4 % environ pour l'Angleterre, 9% pour l'Allemagne, 15 % pour les Etats-Unis, nous, nous l'aggravions de 11%.

Notre balance commerciale de meilleure était devenue la plus mauvaise.

Le nombre des naissances s'abaissait de 976.000 en 1841 à 742.000 en 1911, alors que dans la même époque le nombre des naissances en Allemagne s'élevait de 1.200.000 à 1.870.000.

L'excédent annuel des naissances sur les décès qui était de 200.000 sous la Restauration tombait à 20.000 dans la période 1906-1913.

Au point de vue mortalité, la France qui occupait le troisième rang en 1850 passait au dernier en 1910 par suite du progrès des nations voisines.

Pour la densité de la population, nous passions au dernier rang des grandes puissances européennes occidentales.

Même décadence pour la Marine et l'Agriculture.

Le nombre de nos fermes écoles passe de 70 en 1848 à 10 en 1914.

Pourtant cett situation lamentable n'avait pas échappé au Parlement. De nombreuses commissions ont produit des rapports remarquables sur ces sujets.

Elle n'avait pas non plus échappé au Président qui usant du privilège de l'initiative des lois qu'il tient de la Constitution du 25 février 1875, article 3, aurait peut-être pu faire quelques efforts pour y parer.

Le mariage entre le législatif et l'exé-

Le mariage entre les pouvoirs exécutif et législatif tel qu'il a été réalisé par notre constitution a frappé le pays de stérilité

— 57 —

cutif, réalisé par la Constitution, s'il à assuré une tranquillité relative au Pays, l'a rendu inféconə.

.*.

Il ne pouvait pas en être autrement :

D'une part, le Président a bien de par la Constitution, l'initiative des lois. Il pourrait étudier les mesures nécessaires pour assurer au Pays une prospérité toujours plus grande, assurer notre bien-être et notre sécurité.

Ces mesures une fois étudiées, les soumettre au vote des Chambres.

Le président n'a pas le temps matériel d'étudier les mesures indispensables au progrès moral et matériel du pays

Mais pris dans l'engrenage des préoccupations journalières, il lui est impossible de trouver le temps matériel pour se livrer à des études de cette nature qui, pour être efficaces, doivent envisager non seulement un fait précis tel que, par exemple, la décadence de notre marine, le délaissement de nos canaux, la baisse de notre natalité, etc... etc..., mais envisager dans leur ensemble, et simultanément, toutes les mesures même les plus lointaines, nécessaires pour y parer.

Dans l'ordre social aucune question n'est simple

Dans l'ordre social, aucune question n'est simple. L'enchevêtrement des effets et des causes, ne permet pas, sauf dans des cas tout à fait exceptionnels, d'obtenir un résultat sans aller rechercher les causes dans les ramifications nombreuses qui aboutissent aux faits que nous déplorons.

Les phénomènes sociaux sont toujours complexes. De là l'inefficacité générale de la très grande majorité des mesures législatives pri... es par notre troisième République.

Prenons par exemple la baisse de la natalité. Dans tous les autres domaines finan- ciers, agricoles, maritimes, etc..... nous nous trouverons dans des conditions analogues.

La baisse de la natalité pour être enrayée doit comprendre en effet des mesures simultanées prises dans les domaines suivants:

Celle de la natalité par exemple

« 1° Mettre la maternité en honneur, et pour « ce faire, modifier nos méthodes d'enseignement — « utiliser les foyers intellectuels de nos villes et de nos « campagnes, pédagogiques ou religieux.

« Créer un moyen d'action sur la Presse.

« Favoriser publiquement les mères de « famille.

« Modifier notre loi sur les successions qui « m... sur la tête des parents la menace permanente « d'une revendication des enfants sur des biens dans « la création desquels ils ne sont pas intervenus, et « dans les campagnes conduirait, si la maternité n'était « pas volontairement limitée, au morcellement indéfini « des propriétés.

« 2° Faire jouer l'action financière : — d'une « part, en allégeant efficacement les charges des mères « de familles nombreuses, soit par des subsides, soit en « favorisant la création d'industries qui mettent à leur « disposition et à des prix modiques, ce qui est néces- « saire pour l'entretien et l'alimentation des enfants ; « d'autre part, en créant des asiles maternels où les « mères de famille pourraient en cas de maladie, par « exemple, confier leur progéniture en toute sécurité.

— 59 —

« 3° S'opposer à l'action souterraine contraire
« des nations intéressées à accentuer encore la baisse
« de notre natalité, et détruire à sa naissance notre
« matériel humain.

« La lutte contre cette action souterraine
« exige la pénétration dans un domaine considéré à ce
« jour comme inviolable, celui de la "liberté de pensée".

« L'inviolabilité admise dans ce domaine a
« permis à l'Allemagne au cours de cette guerre, d'y
« manœuvrer librement. Ainsi que nous l'avons vu,
« l'arme psychologique dont elle a fait un large usage,
« lui a permis de désagréger la Russie, de détruire son
« existence en tant que nation, et de faire ainsi le vide
« au-devant de ses armées. Peu ne s'en est fallu que
« cette arme ne frappe aussi d'un coup mortel notre
« alliée l'Italie, — et aux mois de décembre et mai der-
« niers les grèves de la Loire paraissent n'être que
« la conséquence, chez nous, d'un coup porté par cette
« nouvelle arme.

« En ce moment-ci encore, l'Allemagne cher-
« che chez nous à utiliser cette arme, par certains films
« cinématographiques dont notre gr   Presse appuie
« inconsciemment la divulgation, — par l'action souter-
« raine de certains agitateurs ouvriers ou parlementai-
« res, — par la Presse.

« En présence de cette situation le vieux
« dogme de la liberté de pensée, ne doit pas être main-
« tenu sans minutieuses précautions.

« Si l'individu doit pouvoir penser libre-
« ment, il ne doit pas pouvoir communiquer sa pensée
« librement. Il a été en effet reconnu que certaines idées
« sont toxiques et contagieuses, au même titre que les
« bacilles de la peste et du choléra. Ce sont ces idées
« qu'a semées abondamment l'Allemagne et dont elle a
« fait, avant et pendant cette guerre, un usage aussi
« grand que celui des gaz asphyxiants.

« L'intérêt général exige qu'il ne soit pas
« plus permis de répandre ces idées toxiques pour la
« Nation qu'il n'est permis de répandre impunément la
« peste, la syphilis ou le choléra.

« L'Allemagne s'apprête déjà à semer abon-
« damment dans le monde ces idées délétères, et le
« "Temps" du 23 mars 1918 poussait un cri d'alarme
« en signalant les achats nombreux des salles cinéma-
« tographiques auxquelles l'Allemagne se livrait dans
« les Pays neutres.
        « 4° Examen, contrôle, et, s'il y a lieu, mesu-
« res restrictives pour l'intervention médicale ou obs-
« tétricale.
        « 5° Utilisation des méthodes modernes de
« psychologie humaine? Il ne semble pas *à priori* plus
« difficile d'orienter la sexualité féminine vers la mode
« de la maternité, que d'orienter vers les modes
« exentriques que nous avons connues ces dernières
« années ».

        Ces quelques indications montrent
toute la complexité du problème.

        De par la Constitution, notre Président
de la République tient les Pouvoirs de prendre
les mesures nécessaires, — mais peut-il avoir
le temps, au milieu de ses multiples occupations
journalières, d'embrasser un ensemble de mesures s'étalant sur la totalité de la Nation et, de
plus, d'en faire comprendre l'utilité aux Chambres dont les membres ne peuvent eux-mêmes
juger et voter en toute connaissance de cause
qu'à condition de les avoir minutieusement
approfondies, ce qui est matériellement impossible.

        Quelques-uns des membres de nos
Chambres pourront bien fouiller ces mesures et
quelquefois donner des indications ou faire des
observations précieuses, — mais ces avis éclairés qui seront généralement exceptionnels ne

doivent pas être à la merci de votes sans raison et de veto non motivés.

Une appréciation négative qui ne repose sur rien, ne peut-être admise dans l'appareil législatif que nous aurons à créer demain et qui constituera le soubassement sur lequel devra se reconstruire le Pays.

Toul role contraire à un projet de loi parfaitement étudié doit être minutieusement motivé

En règle générale, tout vote contraire à un projet de loi parfaitement étudié devrait être minutieusement motivé.

..

On voit donc toute l'énormité de la tâche qui, dans notre organisation actuelle, serait imposée à notre Président si on attendait tout de son initiative.

Un homme seul si supérieur soil-il ne peut gouverner un pays si à côté de lui ne se trouve un organe d'étude, impartial et indépendant

Un homme seul, si supérieur soit-il, ne peut gouverner un Pays s'il n'est secondé par un organisme qui, à l'abri des orages politiques et du désir de la popularité, fouille les détails, pèse les avantages et les inconvénients et étudie, en toute lucidité d'esprit, les moyens d'exécution matérielle des grandes directives nationales.

Louis Napoléon dans sa proclamation du 14 janvier 1852 avait bien compris cette nécessité : « Plus un homme est haut placé,
« plus il est indépendant, plus la confiance que
« le peuple a mise en lui est grande, — plus il
« a besoin de conseils éclairés et conscien-

« cieux »... Mais il n'a pas su la réaliser. Sa réalisation par le Conseil d'État a été défectueuse pour les raisons déjà exposées.

La Nation doit être organisée à l'image de l'individu avec :

1° Un cerveau qui pense à l'abri de toute préoccupation matérielle ou extérieure, protégé soigneusement des coups ;

2° Des membres qui agissent sous l'impulsion du cerveau ;

3° Et tout l'ensemble de l'individu représenté à l'extérieur par le Président.

**

L'organisation américaine est bien modelée sur ce principe.

On ne connaît que le Président. Son nom est dans toutes les bouches, mais derrière lui se tient, dans l'ombre, un véritable cerveau de la Nation, la Cour Suprême.

Chez nous le Président est seul, sans organisme pour guider, peser et fouiller ses décisions.

De peur de se tromper dans des mesures dont les conséquences pourraient être d'autant plus graves qu'elles partiraient de plus haut, le Président, sans guide, n'ose s'aventurer.

Il n'intervient que rarement alors que souvent son rôle n'aurait jamais dû être plus actif, ni plus précieux dans la conduite intérieure du Pays.

Il laisse aux Chambres et à des Minis-

La nation doit être organisée à l'image de l'individu

Elle doit-être munie d'un cerveau fonctionnant à l'abri de toute préoccupation matérielle ou extérieure

En l'absence de cerveau dans notre organisation le Président n'ose pas prendre position dans les grandes questions nationales

tres passagers toutes les initiatives, même les plus malheureuses.

Les Ministres eux-mêmes sont placés dans une situation identique à celle du Président, situation peut-être encore aggravée par la servitude dans laquelle ils se trouvent vis-à-vis des Chambres dont ils constituent une délégation.

Le jeu des intérêts particuliers met les Chambres dans l'impuissance de les résoudre

Quant aux Chambres, outre qu'il ne sort jamais de vues d'ensemble d'Assemblées trop nombreuses, le jeu des intérêts particuliers que nous avons vu antérieurement ne peut donner aux mesures prises, le caractère d'Intérêt Général, d'impartialité, et même d'étude qui puisse les faire accepter sans conteste par l'ensemble de la Nation.

Cette situation enfante l'incohérence et l'impuissance

Aussi les mesures les plus incohérentes et les plus discutables se succèdent, et à chaque instant des cris d'exclamation s'élèvent de l'intérieur du Pays contre des mesures qui ne satisfont ni les uns ni les autres sans même cadrer le plus souvent avec les intérêts apparents du Pays.

Nos Pouvoirs publics réclament bien à grands cris l'action au lieu de la plainte. Mais une action peut-elle être toujours possible quand nos sources de production sont obturées par un arsenal législatif malencontreux et qu'une de toutes les libertés seulement leur reste sans conteste, celle de se plaindre.

**

De là le discrédit formidable qui couvre nos organismes gouvernementaux.

La forme gouvernementale
QUI NOUS SERA NECESSAIRE DEMAIN

CHAPITRE VIII

Notre Constitution du 24 février 1875 peut-être interprétée de façon à donner des pouvoirs considérables au Président de la République.

Nous venons de voir que le Président, trop isolé, était dans l'impossibilité d'utiliser ces pouvoirs et, par suite, n'avait jamais cherché à les utiliser.

Il lui manque ce Conseil de Gouvernement dont Louis Napoléon avait reconnu la nécessité dans sa proclamation de 1852 et qui très probablement avait été le motif de la création initiale du Conseil d'Etat par le premier Consul.

Il nous faut un conseil de gouvernement à l'abri des luttes politiques

Cet organisme qui n'existe pas chez nous, sinon à l'état embryonnaire, constitue la réforme la plus fondamentale et la plus essentielle que nous aurons à apporter demain à notre système général.

* *

Notre organisation générale à venir doit donc comprendre un Conseil supérieur d'Etat, véritable cerveau de la Nation, abrité des luttes politiques et des attaques des intérêts particuliers, agissant en toute lucidité et toute indépendance par l'intermédiaire des organes existants. Cet organe ne doit, par lui-même, disposer d'aucun moyen d'action matérielle.

.*.

La nomination des membres de ce Conseil Supérieur ne doit donc pas les mettre à la merci d'intrigues politiques ou de rancunes particulières.

La formule américaine que les membres de la Cour Suprême conserveront leur poste " tant qu'ils se conduiront bien " parait répondre à ces conditions.

Le souci du lendemain ne doit pas se poser aux membres de ce Conseil dont tout l'effort cérébral doit être exclusivement consacré aux œuvres du Pays.

Leur nomination doit donc être faite " à vie ".

Il se peut, surtout dans les débuts, que quelques-uns de ces membres ne remplissent pas les espérances que l'on ait pu fonder sur eux.

La même objection s'est déjà présentée aux Etats-Unis, mais les auteurs de la Constitution Américaine ont « toujours estimé que le « risque était moindre de conserver dans son « emploi un juge incompétent, que la soumission « de tous les juges à la législature, — résultat

« qui aurait pu découler d'un état dépendant de
« la volonté du législateur ».

Contrairement aux dispositions de la
loi du 24 mai 1872 qui régit le Conseil d'Etat,
les membres composant ce Conseil Supérieur
doivent pouvoir ne pas être révoqués, même par
le Président de la République, sauf en cas de
mauvaise conduite.

∗

Ce Conseil doit être peu nombreux, car
c'est un fait reconnu que des décisions ne sont
jamais obtenues par une Assemblée trop nombreuse, et cet organe doit être, par essence
même, un organe de décision.

On ne pourra, d'autre part, jamais
trouver qu'un petit nombre d'individus possé-
dant les hautes qualités nécessaires pour d'aussi
graves fonctions.

En Amérique le nombre des membres
de la Cour Suprême a varié de sept à onze.

∗

En ce qui concerne le recrutement des
membres de ce Conseil Supérieur d'Etat, les
conditions essentielles auxquelles ils doivent
satisfaire sont :

1° L'honnêteté.
2° Le dévouement désintéressé à la chose
publique ;
3° L'intelligence et la lucidité d'esprit ;
4° L'indépendance ;
5° La connaissance exacte des nécessités
économiques et du bien public.

*Ce Conseil
doit être
peu nombreux*

*Il doit être
composé
d'hommes su-
périeurs
et désintéressés*

Le côté législatif peut-être résolu par une collaboration étroite du Conseil d'Etat actuel.

Les dévoue-ments désintéressés sont choses courantes chez nous

Toutes ces conditions paraissent à première vue difficiles à réunir même dans un petit nombre d'individus. Le cataclysme que nous vivons maintenant a pourtant montré, en particulier par la multiplication des œuvres de charité, par la valeur morale de notre armée et de notre magistrature, que les dévouements désintéressés sont chose courante chez nous.

Cette condition qui peut paraître la plus ardue n'est donc pas un obstacle à un recrutement.

Aux Etats-Unis, une classe spéciale de la Société a pu se former au sein de la Nation pour la préparation à ces hautes fonctions.

Chez nous, nous devrons partir de zéro et il sera impossible d'éviter quelques flotte-ments dans les débuts. Il faudra attendre que le temps ait fait son œuvre en entourant ces débuts de toutes les garanties nécessaires pour éviter que des flottements inévitables n'atteignent le Pays.

Cet organe ne doit avoir aucun moyen d'action matérielle

Il est essentiel que cet organe n'ait aucun moyen d'action matérielle pour éviter la tentation des abus de pouvoir, les influences de l'intrigue ou le désir de la popularité.

Cet organe ne doit pas être plus appa-rent que le cerveau de l'individu.

La Constitution Américaine a si bien

réalisé cette conception, que la très grande majorité des ouvrages qui traitent des États-Unis, ignore totalement l'existence de cet organe et n'en a aperçu que la manifestation extérieure : le Président.

L'absence de moyens d'action matérielle d'apparence extérieure, parera aux quelques erreurs inévitables qui se produiront lors d'un premier recrutement.

*
* *

Aux États-Unis la nomination des membres de la Cour Suprême est faite par le Président avec l'approbation du Sénat.

Ce mode de nomination a donné d'excellents résultats. Il semble devoir être appliqué plus tard lorsque l'organisation du Pays sera devenue correcte.

*
* *

A l'heure actuelle le discrédit considérable qui, à tort ou à raison, rejaillit sur nos organismes gouvernementaux, ne donnerait pas à des nominations aussi importantes les caractères indiscutables d'impartialité, d'intégrité et de bien public qui sont les conditions essentielles de ces fonctions.

Les premières nominations doivent être faites en collaboration du Gouvernement et des forces productives du Pays que les décisions du Conseil supérieur sont appelées à protéger, exciter, développer.

Ces nominations pourront être faites sur proposition du Président de la République avec l'approbation d'une Commission extraordinaire comprenant, par exemple, deux délégués du Sénat et deux délégués patrons et ouvriers de chacune de nos grandes branches d'activité nationale, métallurgique, minière, textile, agricole, maritime.

.

La constitution américaine ne répond pas aux nécessités particulières qui découlent de notre situation géographique

Nous avons déjà vu que le système américain ne correspond pas dans son ensemble aux nécessités particulières que notre Pays tient de sa position géographique, il est trop lent.

Notre constitution semble préférable

Notre Constitution qui donne au Président une initiative législative semble préférable. Mais le Président trop isolé et trop absorbé n'a pu à ce jour utiliser cette initiative, ce que lui permettrait de faire un Conseil Supérieur d'Etat.

Celui-ci devra donc seconder le Président dans l'exercice des prérogatives qu'il tient de l'article 3 de la Constitution de 1875 et il devra en outre être l'interprète et le gardien fidèle de la Constitution conformément aux intérêts du Pays.

L'avis conforme de ce Conseil Supérieur pourrait dispenser le Président du contreseing exigé par l'article 3 de la loi du 25 février 1875.

.

D'autre part les fonctions présidentielles ont une durée trop longue. Il vaut mieux réunir l'Assemblée Nationale plus fréquemment plutôt que de courir le risque de maintenir trop longtemps un Président dans des fonctions qui lui sont mal appropriées, et ce d'autant plus que rien ne doit empêcher l'Assemblée Nationale de rééligir un Président qui aura eu l'agrément du Pays.

mais les fonctions présidentielles ont une durée trop longue

Mais le mode d'élection actuel du Président par les Chambres est défectueux. Il laisse subsister l'influence des intérêts particuliers contre lesquels le Président doit précisément défendre le Pays.

Le Président doit être élu par le Pays.

.*.

A part la nécessité d'exiger des Chambres des votes motivés pour tous les projets de lois organiques susceptibles d'avoir une répercussion sur la marche générale du Pays, il ne semble pas qu'il y ait, pour le moment, lieu à d'autres modifications ni dans le nombre des représentants aux Chambres ni dans leur mode de recrutement.

Il ne paraît pas avoir de modifications à apporter dans le mode de recrutement de nos Chambres

Plus tard une modification au mode de recrutement tendant à le rendre plus sévère, pourra peut-être s'imposer. Mais cette mesure ne sera qu'une mesure de détail destinée à entourer les organismes gouvernementaux de concours plus éclairés ou plus indépendants.

Les Chambres constituent le trait d'union nécessaire entre le Gouvernement et le Pays. Les travaux remarquables qui sont souvent sortis de leurs Commissions, montrent qu'elles renferment de nombreuses intelligences et de réelles énergies qu'il incombera au Gouvernement d'orienter et d'utiliser pour le bien du Pays.

L'initiative des grandes lois d'Intérêt Général appartiendra au Président de la République assisté du Conseil Supérieur d'Etat, et l'initiative des lois d'intérêt régional ou communal au Parlement et au Sénat.

Les votes sur les lois d'initiative présidentielle devront être valablement motivés, tout au moins les votes négatifs.

Ces lois ayant au préalable fait l'objet d'études approfondies par le Conseil Supérieur d'Etat — études dans lesquelles le pour et le contre, les avantages et les inconvénients auront été minutieusement pesés, — il est possible d'exiger pour ces lois les votes à la majorité des deux tiers par exemple, ce qui donnera encore plus de sécurité au Pays, rendra les intrigues encore plus difficiles, et donnera à ces lois le véritable caractère d'intérêt général devant lequel n'hésiteront pas à s'incliner tous ceux réellement soucieux du bien de notre Pays.

CONCLUSIONS

En résumé, un moyen de donner à notre organisme gouvernemental le ressort qui lui manque, l'énergie qui lui a fait défaut dans le passé, l'armature qui sera nécessaire demain pour protéger le Pays contre les assauts furieux des intérêts particuliers, consiste donc dans la création d'un Conseil Supérieur d'État, véritable cerveau de la Nation chargé d'assister le Président de la République dans la prérogative de l'initiative des lois qu'il tient de l'article 3 de la Constitution de 1875.

Ce Conseil Supérieur d'État composé d'un petit nombre d'hommes intègres et dévoués à la chose publique, serait par lui-même dépourvu de moyens d'action matérielle, son rôle devant être uniquement l'étude et la pensée. Il serait chargé d'étudier et de trancher en droit et en équité tous les cas d'Intérêt Général qui peuvent se présenter dans la vie d'un Pays et serait secondé dans cette tâche par le Conseil d'État sous sa forme actuelle.

Par l'intermédiaire du Président, il pourrait proposer aux Chambres le vote des lois nécessaires d'Intérêt Général. Les lois issues de cette initiative devraient être votées à la majorité des deux tiers, mais tout vote négatif devrait être valablement motivé.

Pour donner à notre Pays les armes
dont il aura besoin demain pour son relèvement,
il suffirait donc d'une addition à la première
phrase de l'article 3 de la loi du 25 février 1875,
addition qui pourra être ainsi conçue :

« Art. 3. — Le président a l'initia-
« tive des lois, concurremment avec les mem-
« bres des deux Chambres......

« Il est secondé dans cette tâche par un
« Conseil Supérieur d'État à l'approbation duquel doi-
« vent être soumises toutes les grandes lois organiques
« susceptibles d'avoir une répercussion sur la marche
« générale de la Nation.

« Ces lois organiques seront votées par les
« deux Chambres, par oui ou par non, mais les votes
« négatifs devront tous être valablement motivés.

« Le Conseil Supérieur d'État examinera les
« votes négatifs, et après consultation des commissions
« des deux Chambres, modifiera, s'il y a lieu, le projet
« soumis à son approbation

« Ces lois devront être votées à la majorité
« des deux tiers et le Conseil Supérieur pourra indiquer
« un délai maximum pour le vote et l'application des
« lois.

Et de définir les attributions de ce
Conseil Supérieur d'État dans le sens de la loi
suivante :

« Article premier. — Il est constitué un
« Conseil Supérieur d'État chargé d'assister le Prési-
« dent de la République dans le   qu'il tient de
« l'article 3 de la Constitution de 1875, su   fixe et
« la promulgation des lois d'intérêt Général.

« Art. 2. — Ce Conseil supérieur sera cons-
« titué de sept membres au moins et de onze au plus

— 78 —

« nommés à vie, et choisis par le Président de la Répu-
« blique avec l'approbation du Sénat, parmi des hom-
« mes que l'intégrité de la vie, leur intelligence et leur
« dévouement à la cause commune auront désignés à
« leur choix, en dehors de toute opinion personnelle ou
« de considération politique.

« Les membres de ce Conseil Supérieur
« d'Etat ne peuvent être révoqués que pour mauvaise
« conduite.

« Art. 3. — Le Conseil Supérieur n'exami-
« nera les projets de lois qu'au point de vue Intérêt
« Général, — le Conseil d'Etat actuel étant maintenu
« dans le rôle qui lui a été assigné par la loi du
« 24 mai 1872.

« Art. 4. — Tout citoyen Français pourra
« introduire une instance au Conseil Supérieur d'Etat,
« mais cette instance ne pourra pas être retenue au
« point de vue individuel, mais seulement au point de
« vue Intérêt Général du Pays, et jugée en droit et en
« équité ».

* *

Il peut sembler invraisemblable au
premier abord qu'une simple modification ou
addition à notre appareil législatif puisse avoir
des répercussions aussi profondes sur la marche
générale du Pays.

Pourtant en réfléchissant un peu on
s'aperçoit que le développement du Pays n'a
guère été paralysé que par un petit nombre de
grandes questions nationales.

En premier lieu l'absence de protection publique pour la grande masse des producteurs.

Il est de notoriété publique que l'agriculture à laquelle incombe la nourriture du Pays n'a rencontré auprès des Pouvoirs Publics aucune protection ni aucun effort efficace pour mettre l'enseignement agricole à même de diffuser pratiquement dans les campagnes les données les plus précieuses de la science moderne. Aussi nos méthodes de culture sont-elles à très peu de chose près ce qu'elles étaient il y a un siècle. Alors que les nations voisines ont fait des progrès considérables dans ces domaines, nous nous sommes laissés devancer et nos rendements en blé et pommes de terre, par exemple, nous classent au dernier rang des Nations civilisées. Nos Pouvoirs Publics n'ont rien fait pour permettre aux agriculteurs de vivre en travaillant, en mettant à leur disposition les éléments nécessaires à une augmentation sérieuse des rendements, en favorisant la création d'assurances modiques contre la grêle, la gelée, les inondations ; en modifiant le Code Civil afin que les héritages ne conduisent plus au morcellement indéfini de la propriété etc..... etc.....

La famille n'a jamais été encouragée d'une façon efficace. Les impôts indirects constituent pour les parents une charge d'autant plus écrasante que la progéniture est plus nombreuse.

Rien n'a été fait non plus dans le domaine des améliorations sociales : organisation de logements confortables et aérés, enseignement professionnel ou technique, éducation ouvrière, liberté et responsabilité syndicales, participation ouvrière dans les Sociétés Anonymes et dans le sens de la collaboration.

La moyenne et petite industrie qui constituent la grande majorité de la production française n'ont jamais rencontré auprès des Pouvoirs Publics le moindre effort ni le moindre concours pour accroître leur développement. Celui-ci a été le plus souvent entravé par des droits de douane anormaux, favorisant outre mesure quelques priviligiés.

Les Pouvoirs Publics n'ont influencé en rien notre système bancaire pour l'amener à collaborer aux efforts des producteurs. Crédit à long terme, Mont de Piété industriel, hôtelier ou maritime — n'ont jamais pénétré dans le domaine de la réalisation, et bien rares sont ceux qui ont eu le courage — ou la chance de pouvoir franchir les barrières dans lesquelles ils étaient enserrés pour créer quelques-unes de ces grandes industries dont la généralisation aurait pu constituer une des forces du Pays.

Instabilité ministérielle, mauvaise répartition des attributions ministérielles, exagération du nombre de fauteuils ministériels, absence de coordination, absence d'organisation gouvernementale, incompétences, décentralisation, organisation de régions économiques, mode de nomination du Président.

Et ainsi de suite...

Aucune de ces questions d'intérêt général ne rencontre chez nous d'organisme pour les solutionner.

Et c'est ainsi que depuis novembre 1916 le Groupement Économique des Industries Françaises à Saint-Etienne attend en vain la réponse à des demandes maintes fois renouvellées sur les mesures que le Gouvernement comptait prendre pour assurer la mobilisation des immobilisations industrielles, maritimes et agricoles, mobilisation qui constitue le seul point de départ d'où la prospérité du Pays de demain pourra prendre son essor.

Rien dans notre organisation ne permet de régler, améliorer, modifier le fonctionnement défectueux de nos organismes existants.

L'organisme chargé de traiter des questions d'Intérêt Général n'existe pas chez nous. Aussi ces questions si graves ont-elles été obligatoirement délaissées, et nous assistons aujourd'hui par exemple à cette chose fantastique : d'une part un développement inouï des transports automobiles et de l'Aviation, et d'autre part aucun effort gouvernemental apparent pour rechercher, développer et sur notre sol et sur celui de nos colonies des sources d'alimentation en pétrole, essence ou alcool. *Cet organisme supérieur dominant tous nos organismes existants est à créer et c'est le rôle qui incombe à un Conseil*

Supérieur d'Etat dans notre organisation nouvelle.

Dans quelque domaine que se pose une question d'Intérêt Général cet organisme doit pouvoir la trancher, non par lui-même, car il ne doit disposer d'aucun moyen d'action matérielle qui le conduirait insensiblement sur la pente des abus, mais comme nous l'avons vu plus haut par l'intermédiaire du Président et sous l'approbation des Chambres.

Cet organisme doit constituer le suprême recours auquel peuvent s'adresser efficacement tous ceux — et il sont nombreux, les terribles événements actuels le démontrent, — qui ont consumé leurs forces dans l'intérêt du Pays et se sont toujours heurtés dans le passé au mur infranchissable que leur ont opposé les intérêts particuliers.

Tous les voeux qu'aura pu émettre le Congrès du Génie Civil, si justes si patriotiques soient-ils, s'évanouiront en fumée tant que n'aura pas été créé l'organe chargé de les comprendre et de les réaliser pour le bien du Pays.

La science doit éclairer l'industrie, l'agriculture et la marine — mais il incombe à l'organisation générale de tracer au devant de ces branches capitales de notre activité sociale une route sans embûches qui leur permette de progresser sûrement à la clarté de la science.

L'individualisme que l'on a tant reproché à nos milieux producteurs est un effet et non une cause.

Il est la conséquence naturelle de l'absence d'organisation et d'orientation générale.

Supprimez à l'armée tous ses cadres, il y restera toujours nos braves poilus. Ne recevant plus d'en haut l'orientation nécessaire, ni la coordination de l'effort, ils se cantonneront instinctivement dans la défense individuelle comme le font aujourd'hui notre Industrie, notre Marine, nos mères de famille, notre agriculture, nos milieux patronaux et ouvriers. Le temps et nos ennemis aidant, un à un, ils seront tous sacrifiés et nos sources de production irrémédiablement taries.

www.ingramcontent.com/pod-product-compliance
Lightning Source LLC
Chambersburg PA
CBHW070117300326
41934CB00035B/1546